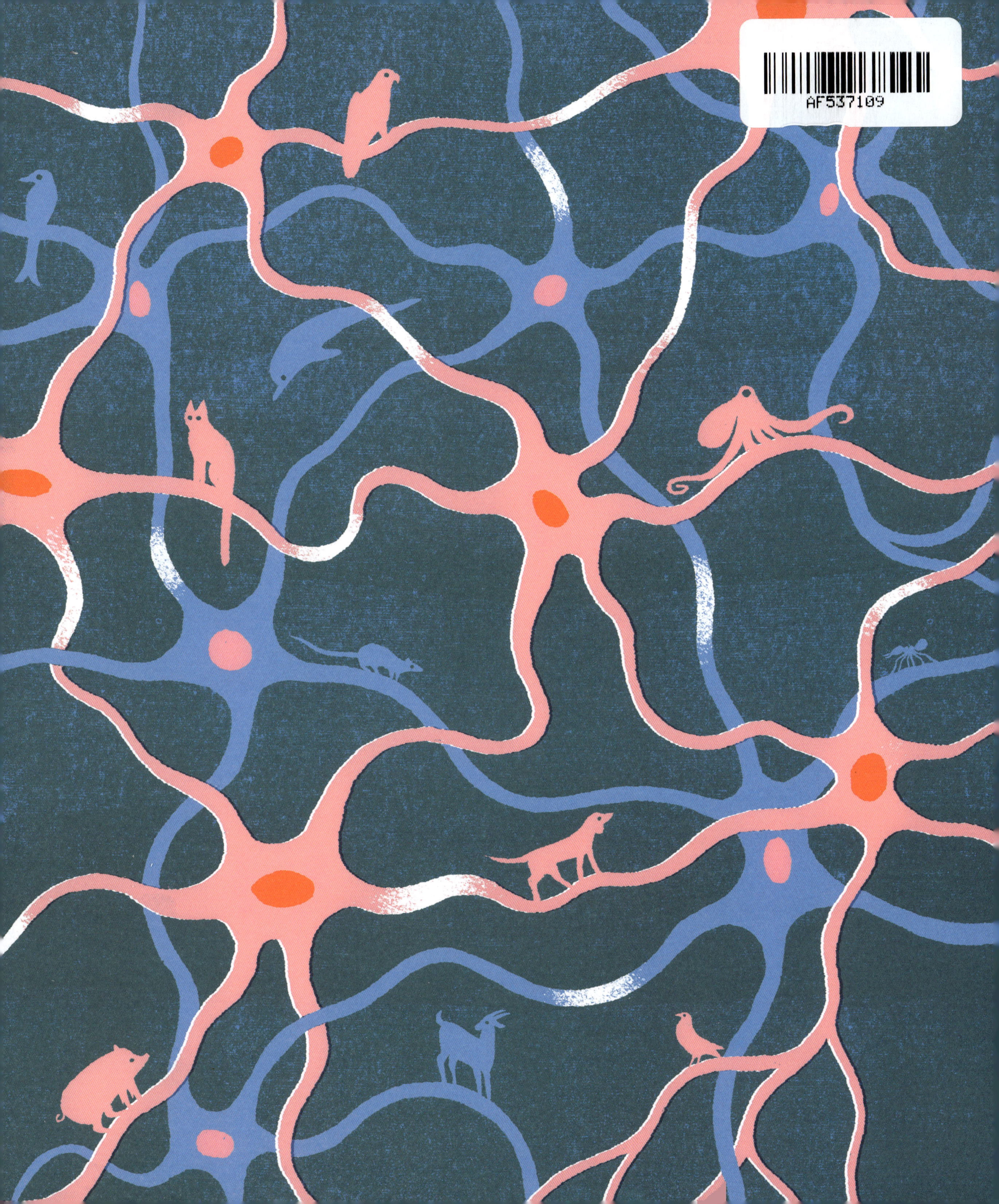

Ganz schön schlaue Tiere

Tricks und Talente im Tierreich

Illustriert von Daniela Olejníková
Erzählt von Michael Holland

Konzeption, Redaktion und Design von Kleine Gestalten
Herausgegeben von Robert Klanten und Fay Evans
Übersetzung aus dem Englischen von Andreas Bredenfeld

Layout: Melanie Ullrich und Stefan Morgner
Schriften: Gabriel Sans von Svetoslav Simov

Druck: Schleunungdruck GmbH, Marktheidenfeld
Hergestellt in Deutschland

Erschienen bei Kleine Gestalten, Berlin, 2023
ISBN 978-3-96704-722-6

Die englische Ausgabe ist unter der
ISBN 978-3-96704-723-3 erhältlich

Weitere Informationen und Buchbestellungen unter:
www.kleine.gestalten.com

Bibliografische Information der Deutschen Nationalbibliothek.
Die Deutsche Nationalbibliothek verzeichnet diese Publikation in der Deutschen Nationalbibliografie; detaillierte bibliografische Daten sind im Internet über www.dnb.de abrufbar.

Dieses Buch wurde auf FSC®-zertifiziertem Papier gedruckt.

Ganz schön schlaue TIERE

Tricks und Talente im Tierreich

Illustriert von Daniela Olejníková
Erzählt von Michael Holland
Übersetzt von Andreas Bredenfeld

KLEINE GESTALTEN

Inhalt

Einleitung

Auch du bist ein Tier, und zwar ein ganz schön schlaues! Du siehst in dieses Buch und weißt, dass die Zeichen auf dieser Seite Buchstaben und Sätze sind. Das heißt, du hast in deinem Leben mindestens eine Sprache gelernt – eine starke Leistung!

Wir Menschen (***Homo sapiens***) sind wirklich eine unglaubliche **Spezies.** Was wir in 300.000 Jahren alles zustande gebracht und gelernt haben! Wir haben das Feuer gebändigt, neue Pflanzen gezüchtet und Tiere gezähmt. Wir haben die Elektrizität und fossile Brennstoffe wie Kohle und Öl entdeckt und nutzen sie. Wir haben Sprachen hervorgebracht, und wir erforschen die Welt um uns herum. Andererseits richten wir aber auch viel Unheil an: Wir verschmutzen unseren Planeten und lassen andere Menschen leiden. Aber wir Menschen sind gar nicht das Thema dieses Buches.

In diesem Buch geht es um Tiere und ihr Verhalten. Die Wissenschaft nennt das **Verhaltensforschung.** Schon vor Jahrtausenden haben Menschen Tiere beobachtet. Einer von ihnen war der römische Naturkundler Plinius der Ältere, der im Jahr 23 unserer Zeitrechnung geboren wurde. Zu einer modernen Wissenschaft

wurde die **Verhaltensforschung** in den 1930er-Jahren durch den niederländischen Biologen Nikolaas Tinbergen und die österreichischen Biologen Konrad Lorenz und Karl von Frisch. Auch du betreibst **Verhaltensforschung,** wenn du zum Beispiel dein Haustier oder einen Vogel im Park beobachtest.

Schlaue Tiere gibt es sehr viele und einige von ihnen schauen wir uns in diesem Buch genauer an. Eines haben sie alle gemeinsam: einen erstaunlichen „Werkzeugkoffer" (ihre Gehirne, Körper, Sinne und Instinkte). Diesen nutzen sie, um zu lernen und sich Dinge zu merken, um füreinander zu sorgen, um zusammenzuarbeiten oder zu spielen, um zu teilen und um Probleme zu lösen.

Für dich ist das Lösen von Rätseln vielleicht ein netter Zeitvertreib. Für Tiere (und für viele Menschen auf der ganzen Welt) kann die Fähigkeit, Probleme zu lösen, aber über Leben und Tod entscheiden. Denn sie wollen nicht von einem Fressfeind gefressen werden, oder verhungern oder verdursten. Alles Leben auf der Erde besteht nur deshalb, weil Lebewesen es schafften zu überleben und ihre Gene – und manchmal auch ihre Überlebenstricks – an ihren Nachwuchs weiterzugeben.

Großes Gehirn = hohe Intelligenz?

Vergleichen ist etwas, was wir sehr häufig tun. Beim Einkaufen vergleichen wir die Preise. Welche Filme, Bilder, Musik oder Bücher uns am besten gefallen, finden wir durch Vergleichen heraus. Im Sport ermitteln wir die Besten, indem wir ihre Ergebnisse vergleichen. Und in der Natur können wir Lebenserwartung, Geschwindigkeit, Körpermaße, Gewicht oder auch die Gehirngröße miteinander vergleichen. Solche Vergleiche liefern uns Anhaltspunkte für Intelligenz. Aber was ist Intelligenz genau?

Ein Lexikon würde diese Frage vielleicht so beantworten: „Intelligenz ist die Fähigkeit, sich Kenntnisse und Fertigkeiten anzueignen." Allgemein wird angenommen: Je größer das Gehirn, umso intelligenter das Lebewesen. Das würde bedeuten, dass ein Frosch weniger intelligent ist als eine Katze. Vielleicht stimmt das sogar. Aber wenn wir zwei Katzen mit gleich großen Gehirnen vergleichen, stellen wir möglicherweise fest, dass sie unterschiedlich intelligent sind. Das ist bei uns Menschen ähnlich.

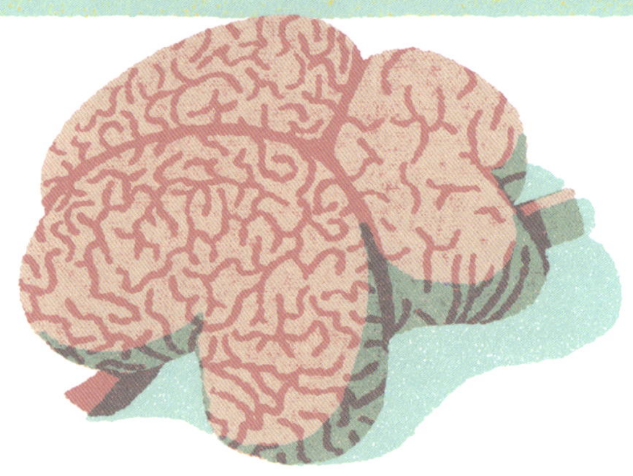

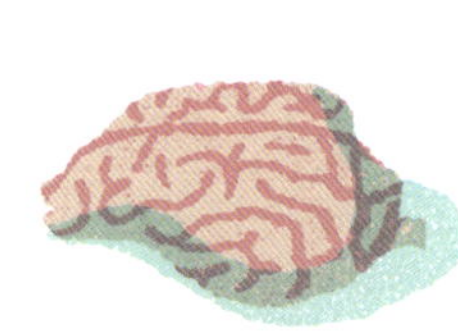

Im Vergleich zu anderen Säugetieren haben wir Menschen ein für unsere Körpermaße ziemlich großes Gehirn. Das Gehirn eines Pottwals (*Physeter macrocephalus*) wiegt bis zu 9 kg, sein Körper insgesamt aber bis zu 55 t. Im Verhältnis zu seinem Körper hat der Pottwal also ein kleineres Gehirn als wir. Doch ist er deswegen weniger intelligent? Forschende haben sich etwas ausgedacht, das sie „Enzephalisationsquotient" (EQ) nennen. Der EQ gibt an, wie schwer das Gehirn einer **Spezies** ist – aber nicht einfach in Gramm, sondern im Verhältnis zu der Gehirngröße, die ein durchschnittliches Säugetier mit dem gleichen Körpergewicht hätte. Als Ausgangswert hat man dafür den Wert 1 für eine Katze festgesetzt. Der moderne Mensch hat einen EQ von ungefähr 7. Das bedeutet: Unser Gehirngewicht ist 7-mal so groß wie der Durchschnitt der Säugetiergehirne – oder wie das Hirn einer gleich schweren Katze. Der EQ ist ein ungefährer Gradmesser für Intelligenz.

Tiere haben nicht nur im Gehirn, sondern überall im Körper Nervenzellen. Diese werden auch **Neuronen** genannt und funktionieren ähnlich wie die Schaltdrähte im Computer. Kraken und anderen Lebewesen haben in bestimmten Körperzonen ganze Bündel solcher Nervenzellen, die wie Supersensoren anmuten – fast so, als hätten diese Tiere mehr als nur ein einziges Gehirn.

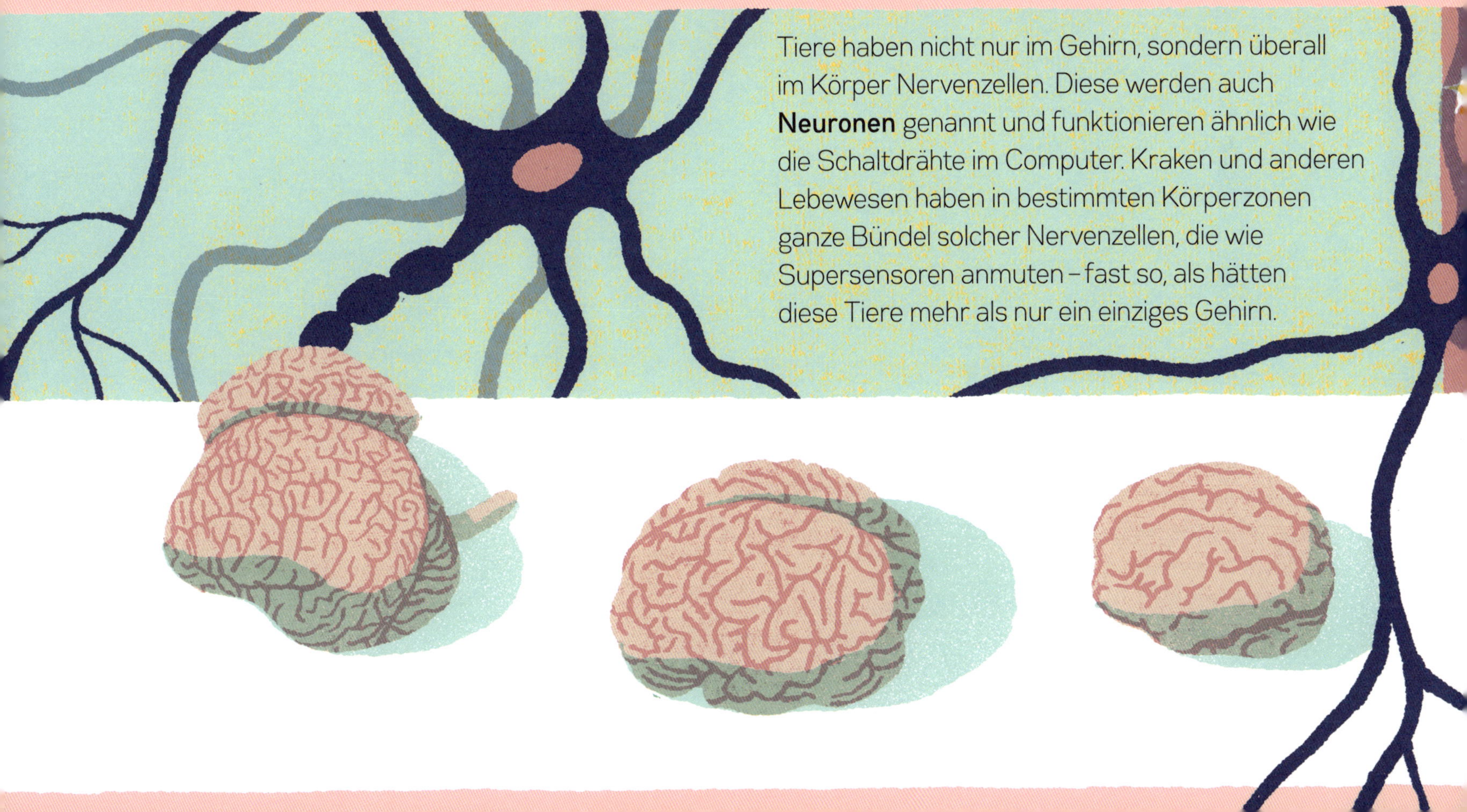

Evolution und Intelligenz

Einige einfache und vermeintlich „primitive“ Tiere haben ganz erstaunliche Fähigkeiten. Hier lernst du ein paar Beispiele kennen.

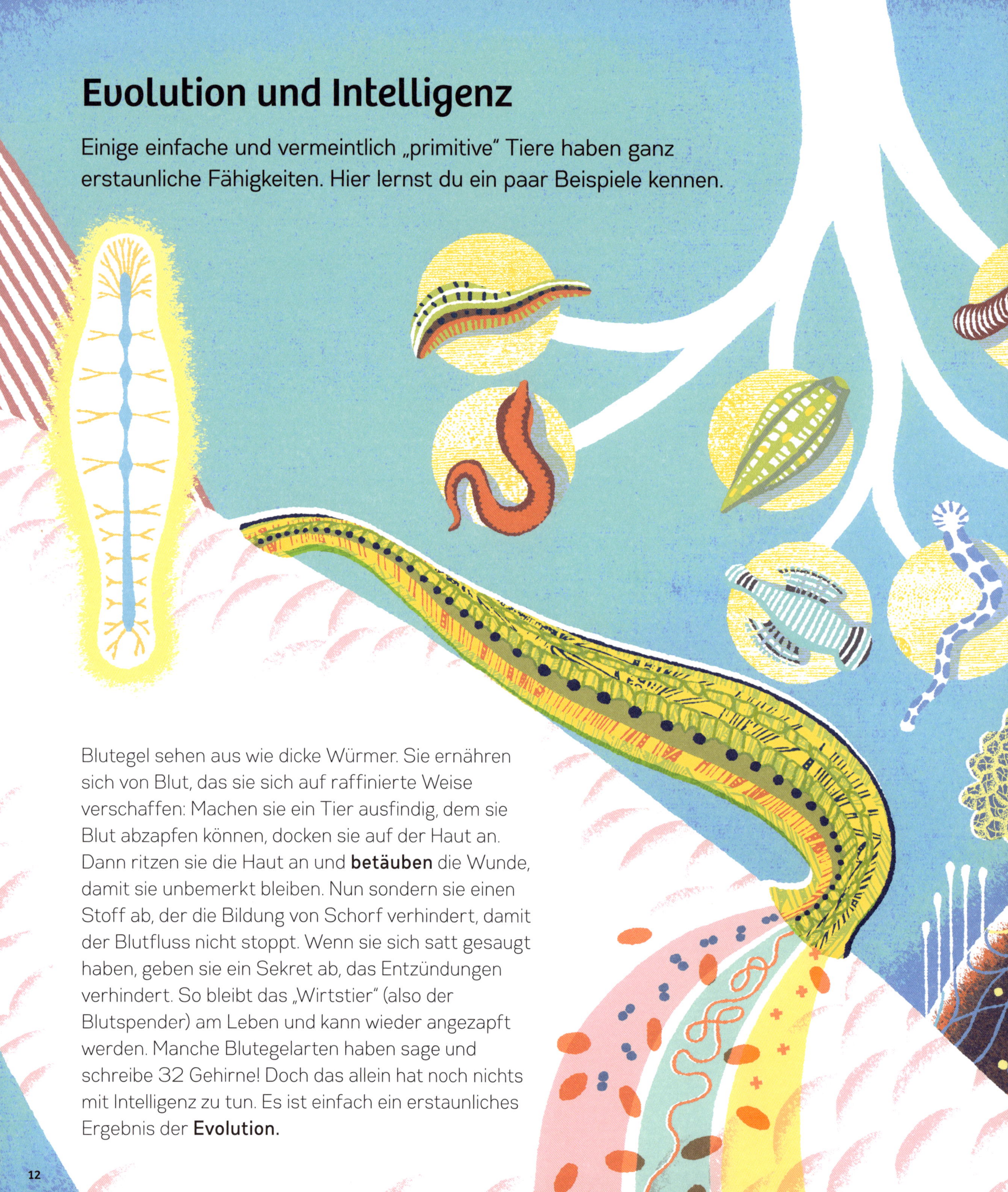

Blutegel sehen aus wie dicke Würmer. Sie ernähren sich von Blut, das sie sich auf raffinierte Weise verschaffen: Machen sie ein Tier ausfindig, dem sie Blut abzapfen können, docken sie auf der Haut an. Dann ritzen sie die Haut an und **betäuben** die Wunde, damit sie unbemerkt bleiben. Nun sondern sie einen Stoff ab, der die Bildung von Schorf verhindert, damit der Blutfluss nicht stoppt. Wenn sie sich satt gesaugt haben, geben sie ein Sekret ab, das Entzündungen verhindert. So bleibt das „Wirtstier“ (also der Blutspender) am Leben und kann wieder angezapft werden. Manche Blutegelarten haben sage und schreibe 32 Gehirne! Doch das allein hat noch nichts mit Intelligenz zu tun. Es ist einfach ein erstaunliches Ergebnis der **Evolution.**

Ein weiteres geniales Ergebnis der **Evolution** sind Quallen. Sie existieren schon seit 500 Millionen Jahren! Die winzige Quallenart (*Turritopsis dohrnii*) entwickelt sich sogar irgendwann zur Larve zurück, und anschließend wieder zur ausgewachsenen Qualle (wie eine Raupe, die zum Schmetterling wird – nur dass der Schmetterling danach nicht wieder zur Raupe wird). Damit ist sie unsterblich! Ebenso wie andere Quallen hat dieses Tier kein Gehirn – dafür kann sie ewig leben, und das ist wirklich ziemlich clever!

Direkt unter unseren Füßen existiert eine unscheinbare Welt für sich: das Reich der Pilze (*Fungi*). Früher hielt man sie für Pflanzen, doch im 20. Jahrhunders erkannte die Forschung, dass ihnen ein eigenes Reich gebührt. Da sich Pilze ihre Nahrung einverleiben und sie verdauen, sind sie eigentlich sogar den Tieren ähnlicher als den Pflanzen. Sie können sich unterirdisch über viele Quadratkilometer ausbreiten, und sogar ins Gehirn von Ameisen eindringen und dort das Kommando übernehmen. In den Wäldern transportieren die weit verzweigten Pilzgeflechte Nährstoffe zwischen den Wurzeln der Bäume – so ähnlich wie die Netzwerkkabel des Internets unsere Daten befördern. Pilze sind zwar keine Tiere, aber in gewisser Hinsicht intelligent, da sie sich in der Natur und selbst für uns Menschen unverzichtbar gemacht haben.

Waschbär

Mit ihrer Fellmusterung im Gesicht wirken sie beinahe wie maskierte Räuber – und so verhalten sie sich auch. In Städten, wo es jede Menge Lebensmittel und Müll gibt, zeigen Waschbären sich von ihrer lästigen, hartnäckigen Seite und dringen auf der Nahrungssuche sogar in Häuser ein.

Waschbären (*Procyon lotor*) sind wild lebende, nachtaktive Säugetiere. Die Allesfresser ernähren sich von Würmern, Insekten, Eiern, Fröschen, Kleinsäugetieren, Früchten oder Nüssen. Sie leben in Wäldern und stammen ursprünglich aus Nordamerika, sind aber inzwischen als **Neozoen** in vielen anderen Teilen der Welt heimisch.

Waschbären können nicht sehr gut sehen. Das gleichen sie aber durch ihren Geruchs- und Tastsinn und ihr gutes Gehör aus.

In Nordamerika hat man sie früher zu Tausenden gejagt und getötet, um ihr weiches, wärmendes Fell zu Mützen zu verarbeiten. Furchtbar, oder?

Waschbären haben ein extrem gutes Gedächtnis und sind sehr **fingerfertig**, obwohl sie keine **opponierbaren Daumen** haben. Sie können eine Menge Chaos anrichten: In Städten knacken sie Schlösser, öffnen Mülltonnen und Türen und haben sich so den Ruf einer „Plage" eingehandelt.

In Experimenten haben Waschbären gelernt, mit einer Münze Nahrung aus einem Automaten zu ziehen. Forschende fanden heraus, dass Waschbären sich auch Jahre später noch erinnern, wie sie ein Problem gelöst haben. Dank ihrer geschickten Hände, ihrer (größtenteils) exzellenten Sinne und ihrem Lernvermögen verdienen Waschbären ein Platz in den Top Ten der pfiffigsten Lebewesen.

Hörnchen

Weltweit gibt es rund 300 Hörnchenarten, die sich in Erdhörnchen, Gleithörnchen und Baumhörnchen unterteilen. Sie alle sind Nagetiere.

Baum- und Gleithörnchen bauen aus Blättern und Zweigen kugelförmige Nester (Kobel) hoch oben im Baum. Sie sind Gewohnheitstiere und benutzen gern ihre Lieblingswege, wenn sie nach Hause gehen – so wie du!

Viele Eichhörnchen haben ein gelbes Pigment in den Augen, das die Sonne abschwächt (wie eine Sonnenbrille). Sie können sehr gut räumlich sehen, was nütlzich ist, um waghalsige Sprüngen sicher zu landen.

Eichhörnchen können äußerst gut klettern, springen und punktgenau landen. Damit können sie sich im Wald hervorragend bewegen. Ihr Schwanz dient als Balancierhilfe und bremst sie bei Sprüngen wie ein Fallschirm.

Ein anderes Tier, das Nahrung für später vergräbt, ist der Eichelhäher (*Garrulus glandarius*), ein Verwandter der Krähe. Seine Speisekarte ähnelt der des Eichhörnchens. Eichelhäher beobachten gerne, wenn Eichhörnchen ihre Nahrung verstecken, um sie dann zu stehlen. Um die Eichelhäher auszutricksen, tun schlaue Eichhörnchen deshalb manchmal nur so, als würden sie Nahrung vergraben.

Oft machen Eichhörnchen es sich in Gärten gemütlich. Dort kann man beobachten, wie sie (manchmal kopfüber) Vogelhäuschen plündern oder liebevoll angepflanzte Blumenzwiebeln und Samen aus dem Boden graben.

Manche Erdhörnchen kauen an der Haut von Klapperschlangen und lecken sich dann ab, um den Geruch auf ihrem Fell zu verteilen. So hoffen sie, vor Fressfeinden geschützt zu sein. Echt schlau, oder?

Eichhörnchen ernähren sich von Samen, Nüssen, Früchten, Beeren, Pilzen und selbst Vogeleiern. Oft vergraben sie Vorräte im Boden. Ihr Gedächtnis und ihr Geruchssinn helfen ihnen beim Wiederfinden. Wenn ein Eichhörnchen vergisst, wo es einen Samen oder eine Eichel vergraben hat, oder wenn es stirbt, entsteht aus dem Samen mit etwas Glück ein neuer Baum. So hilft das Eichhörnchen Bäumen bei der Fortpflanzung..

Honigbiene

Weltweit gibt es ungefähr 25.000 Bienenarten, aber weniger als zehn davon sind Honigbienen. Die Honigproduktion ist ihre Art, sich mit Nährstoffen und Wasser zu versorgen und Vorräte anzulegen.

Wie andere soziale Insekten leben Honigbienen in Staaten, in denen klar festgelegt ist, wer welche Aufgabe hat. In einer solchen **Kolonie** gibt es drei Typen von Honigbienen:

Die Königin: Sie kann als einzige Eier legen, und zwar bis zu 2000 Stück am Tag (und auch nachts, denn sie macht nie Pause). Eine Königin wird bis zu 5 Jahre alt.

Die Arbeiterinnen: In einem Bienenstock gibt es bis zu 60.000 und alle sind Weibchen! Sie leben nur etwa 6 Wochen und erfülllen je nach Alter verschiedene Aufgaben: die Königin und die Larven pflegen und füttern, gestorbene Bienen rausschaffen, durch Flügelschlagen für eine gute Durchlüftung sorgen, Wache halten (um Bienen aus anderen Kolonien abzuwehren), Wasser, Nektar und Pollen heranschaffen, Standorte für eine neue Kolonie erkunden, nach Drohnen Ausschau halten, mit denen die Königin sich paaren kann.

Die Drohnen: Sie sind Männchen. In einem Bienenstock gibt es bis zu 2000 von ihnen. Ihre einzige Aufgabe ist, sich mit der Königin zu paaren (die Königin paart sich in ihrem Leben mit nur rund 15 Drohnen).

Der meiste Honig stammt von der Bienenart *Apis mellifera.* Ihre Flügel funktionieren nur bei Temperaturen über 10 °C. Wenn es kälter ist, können sie nicht fliegen. In vielen Gegenden kann das vom Herbst über den Winter bis zum Frühling der andauern. Darum müssen sie die wärmeren Monate nutzen, um Nektar, Pollen und Wasser zu sammeln. Mit dem Honig, den sie daraus machen, kann eine Honigbienenkolonie lange Perioden mit kaltem Wetter überstehen.

Wenn eine Kolonie zu groß wird, zieht die Königin aus und gründet eine neue **Kolonie.** Dann schickt sie einige Arbeiterinnen los, um einen geeigneten Ort zu finden. Das passiert auch, wenn es der Kolonie schlecht geht, weil es an Nahrung oder Wasser mangelt, oder weil Gefahren drohen.

Haben die Kundschafterinnen passende Orte gefunden, zeigen sie dies mit einem Tanz an. So wollen sie andere Arbeiterinnen locken, die Orte zu besuchen und den besten auszuwählen.

Bienen fürhren auch noch andere Tänze auf. Mit dem sogenannten „Schwänzeltanz" informieren Sammlerinnen ihre Kolleginnen darüber, wo sich Nektar befindet. Übrigens: Für ein Glas Honig braucht es eine Million Sammelflüge, und jede Arbeiterin produziert in ihrem Leben nur einen Teelöffel Honig!

In Afrika versuchten Forschende, mit „Zäunen" aus Bienenstöcken Elefanten von Ackerland fernzuhalten, weil das Summen die Elefanten angeblich abschreckt. Zugegeben, das sagt nichts über die Intelligenz von Bienen aus, aber es ist ziemlich clever von uns Menschen!.

Krake

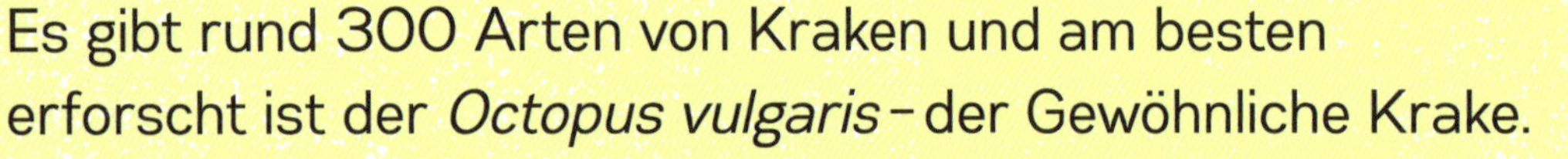

Es gibt rund 300 Arten von Kraken und am besten erforscht ist der *Octopus vulgaris* – der Gewöhnliche Krake.

Kraken haben ganze neun Gehirne! Das zentrale Gehirn ist im Kopf. Es ist größer als die Gehirne aller anderen **wirbellosen Tiere** und sogar größer als die einiger Säugetiere. Zusätzlich haben sie in jedem ihrer acht Arme ein eigenes Nervenzentrum. Das sind Bündel von Nervenzellen (auch **Neuronen** genannt), die wie Minigehirne funktionieren. Dadurch sind die Krakenarme sehr berührungs- und temperaturempfindlich und erkennen außerdem Licht-, Farb- und Geschmacksunterschiede. Stell dir mal vor, du könntest das mit deinen Armen auch!

Vor rund 2000 Jahren beobachtete der römische Naturforscher und Schriftsteller Plinius der Ältere, wie ein Krake einen kleinen Stein nutzte, um eine Muschel aufzuhebeln, die er verspeisen wollte. Dieser Krake konnte also mit einem Werkzeug arbeiten – ein Zeichen für hohe Intelligenz. Auch später haben Forschende dieses Verhalten immer wieder beobachtet.

Schon gewusst?

Ein Tentakel hat nur am Ende Saugnäpfe, ein Krakenarm hat hingegen auf seiner ganzen Länge Saugnäpfe.

Ein weiteres tolles Beispiel für die Nutzung von Werkzeugen lieferte ein Krake namens Otto. Er wurde dabei beobachtet, wie er in seinem Aquarium Steine aufhob und nach den darüber aufgehängten Glühbirnen warf, weil sie ihm offenbar zu hell waren.

Bei anderen Experimenten fanden Kraken erfolgreich durch Labyrinthe. Andere Kraken sollten wählen, ob sie durch eine Tür mit dem Bild eines Haies (Fressfeind) schlüpfen wollten, oder durch eine mit dem Bild einer Krabbe (Nahrung). Sie entschieden sich für die Tür, die Nahrung versprach, und taten das auch weiter, nachdem die Bilder entfernt wurden. Kraken können sich Orte merken, an denen sie Nahrung gesehen haben! In einem Experiment bewiesen Kraken sogar, dass sie Einweckgläser aufschrauben können, nachdem sie eine Videoanleitung dazu gezeigt bekamen.

Kraken haben noch weitere beeindruckende Fähigkeiten: Sie können ihre Hautfarbe verändern und damit ihre Laune sichtbar machen oder sich tarnen. Und sie können sich durch kleinste Löcher hindurchzwängen.

Ameise

Bis heute wurden rund 12.500 Ameisenarten entdeckt, aber vermutlich gibt es sogar doppelt so viele.

Blattschneiderameisen sind in vielen Regenwäldern der Welt zu Hause. Sie schneiden Stücke aus Blättern heraus und tragen sie dann bis zu 100 m weit zu ihren unterirdischen Bauen. Das ist, wie als würdest du einen 270 kg schweren Konzertflügel mit den Zähnen festhalten und im Sauseschritt durch die Gegend tragen.

Ihr Ameisenbau kann groß sein wie eine Megastadt (also etwa 10 Millionen Ameisen). Darin reinigen und zerkleinern sie sorgfältig die Blätter und häufen sie auf. Dann verteilen die Ameisen darauf Pilzsporen, die sich ausbreiten und die Blätter verdauen. Später verfüttern die Ameisen den nahrhaften Pilz dann an ihre Larven. Erwachsene Blattschneiderameisen ernähren sich vom Saft der Blätter, die sie sammeln.

Blattschneiderameisen können einen Baum in wenigen Stunden komplett entlauben! Pflanzen spüren, wenn sie von diesen Ameisen angegriffen werden. Manche Pflanzen pumpen deshalb Gift in ihre Blätter. Die Ameisen sägen die Blätter nichtsahnend ab und servieren sie ihrem Pilz. Der beginnt zu schwächeln und teilt den Ameisen, mit dass sie auf eine andere Pflanze umsteigen sollen. Dieser Anweisung folgen die Ameisen – sie lassen sich also von einem Pilz sagen, was sie zu tun haben!

Ameisenstaaten sind zwar raffiniert organisiert, doch die wirklich cleveren hier sind die Pilze. Denn sie lassen die Ameisen für sich arbeiten – und geben ihnen dafür Nahrung. Ein gutes Beispiel für eine **Symbiose.**

Wenn der Amazonas Hochwasser führt, überschwemmt er die Wälder. Feuerameisen (*Solenopsis*) wurden dabei beobachtet, wie sie sich „an den Händen fassen", um eine Art Floß zu bilden. So können sie zum nächsten Baumstamm treiben und sich in Sicherheit bringen.

Delfin

Es gibt 42 Delfinarten. Sie leben in allen Teilen der Welt und sind allesamt Fleischfresser und Säugetiere. Am bekanntesten ist vermutlich der Große Tümmler (*Tursiops truncates*). Er kann rund 50 Jahre alt und bis zu 4 m lang werden.

Schon in den 1860er-Jahren begann man, Große Tümmler zu fangen und in privaten Aquarien zu halten. 1947 konnten Besucher den ersten Großen Tümmler in einem öffentlichen Aquarium bestaunen. Es war sicher eindrucksvoll, diese eleganten Meeressäugetiere aus der Nähe zu beobachten. Doch für die Tieren ist es schlecht, wenn sie in Gefangenschaft gehalten werden, denn wild lebende Delfine legen an einem Tag bis zu 60 km zurück. Immerhin konnten wir sie im Aquarium genau studieren und wertschätzen lernen. Inzwischen gibt es viele Organisationen, die sich für den Schutz der Delfine einsetzen.

Mit ihrem feinen Gehör können Delfine die Geräusche einzelner Boote auseinanderhalten – und sogar wiedererkennen. So können sie sich von Booten fernhalten, von denen mal eine Gefahr ausging, wie beispielsweise von Delfinjägern.

Wissenschaftlerinnen und Wissenschaftler fanden heraus, dass Große Tümmler sich gegenseitig Namen geben, wenn sie sich miteinander unterhalten. Diese Namen sind eine Kombination aus Pfiffen, Klick-, Knack-, Grunz- und Quietschlauten. 1963 wurden bei einem Laborexperiment zwei Große Tümmler namens Dash und Doris in getrennten Becken gehalten, aber durch ein Unterwassertelefon miteinander verbunden. Wenn sie sich gegenseitig hören konnten, klangen ihre Laute wie eine Unterhaltung. Wenn die Telefonverbindung jedoch unterbrochen war, „sprachen" beide weniger und ihre Laute wirkten zufällig.

In Studien malte man Großen Tümmlern Formen auf die Körper und ließ sie dann in einen (Unterwasser-)Spiegel schauen. Dabei brachten sich die Tiere so in Position, dass sie die Formen besser erkennen konnten. Für uns ist das ein normales Verhalten, denn wir wissen, dass das Bild im Spiegel wir selbst sind. Viele Tiere (und auch Babys bis etwa 18 Monate) verstehen das aber nicht. Der Spiegeltest ist ein Gradmesser für Intelligenz und Ichbewusstsein.

Elefant

Ein altes Sprichwort lautet: „Elefanten vergessen nie." Und tatsächlich ist es erwiesen, dass Elefanten alte Feinde, aber auch Wege zu Nahrungsquellen und Wasserstellen im Gedächtnis behalten. Elefanten sind übrigens die größten Landtiere überhaupt und sie werden bis zu 70 Jahre alt.

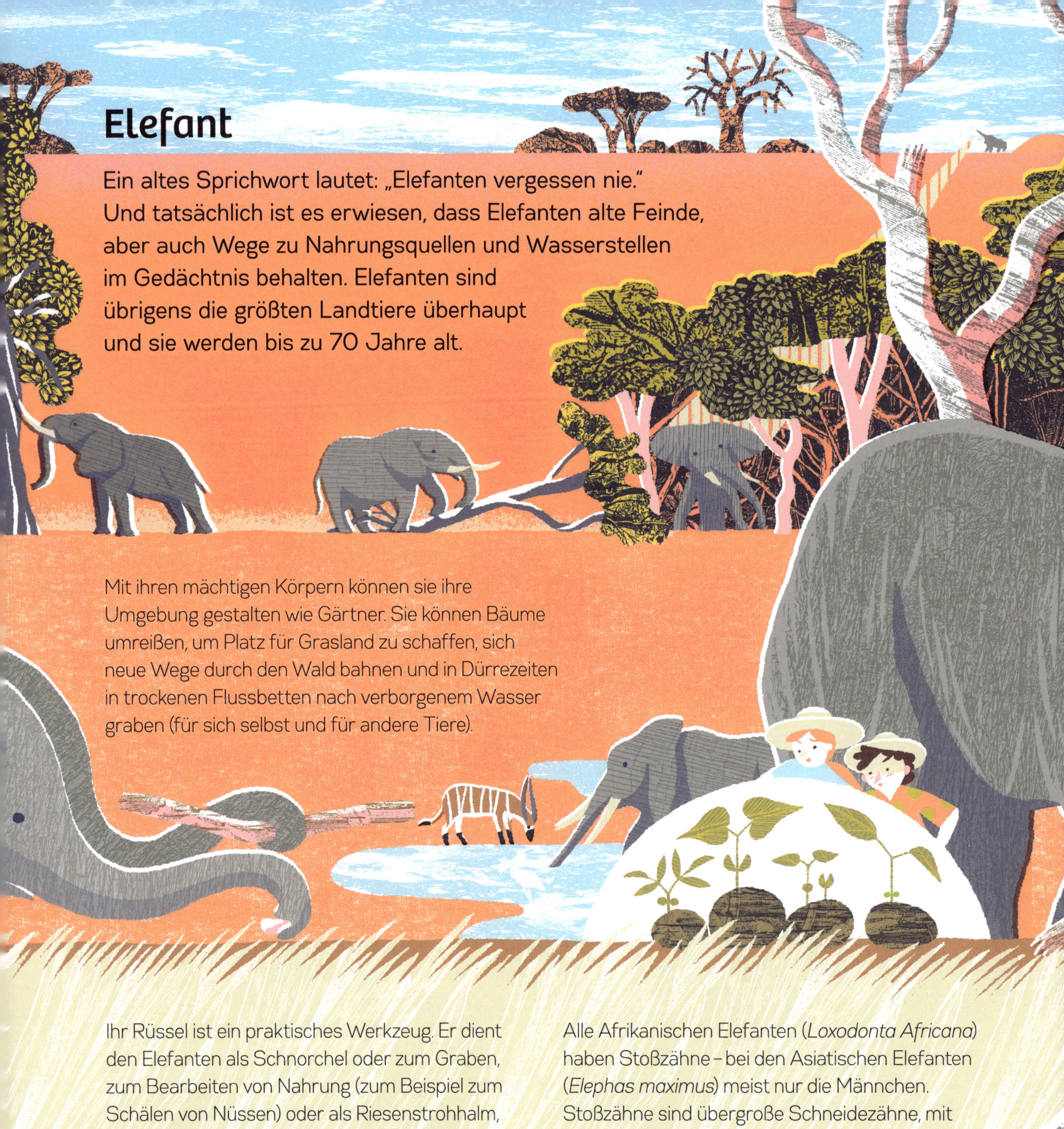

Mit ihren mächtigen Körpern können sie ihre Umgebung gestalten wie Gärtner. Sie können Bäume umreißen, um Platz für Grasland zu schaffen, sich neue Wege durch den Wald bahnen und in Dürrezeiten in trockenen Flussbetten nach verborgenem Wasser graben (für sich selbst und für andere Tiere).

Ihr Rüssel ist ein praktisches Werkzeug. Er dient den Elefanten als Schnorchel oder zum Graben, zum Bearbeiten von Nahrung (zum Beispiel zum Schälen von Nüssen) oder als Riesenstrohhalm, zum Atmen und Riechen (er ist schließlich eine Nase), aber auch zum Schmusen und Spielen.

Alle Afrikanischen Elefanten (*Loxodonta Africana*) haben Stoßzähne – bei den Asiatischen Elefanten (*Elephas maximus*) meist nur die Männchen. Stoßzähne sind übergroße Schneidezähne, mit denen Elefanten graben, sich verteidigen, Dinge anheben oder Nahrung suchen.

Die Schneidezähne bestehen aus Elfenbein. Das Material wurde früher für die Herstellung diverser Gegenstände genutzt – von Billardkugeln über Klaviertasten oder Schmuck bis zu Haltegriffen. Deshalb wurden Elefanten oft nur für ihre Stoßzähne getötet – auch heute passiert das noch!

Elefanten verbringen einen Großteil des Tages mit Nahrungssuche und Fressen. Dabei laufen sie bis zu 80 km und produzieren rund 100 kg Elefantenkot. Dieser Kot ist sehr nährstoffreich und enthält viele Samen. Elefanten sind also auch wichtig für die Pflanzenwelt, indem sie die Samen der Pflanzen weit vertbreiten.

Wenn ein Elefant stirbt, bedecken seine Familie und seine „Freunde" den Kadaver mit Ästen, Erde und Blättern. Sie verweilen tagelang bei ihm und berühren den toten Körper behutsam mit ihren Rüsseln. Stoßen Elefanten unterwegs auf Knochen von Artgenossen, halten sie an, trauern still und heben die Gebeine behutsam an.

Gezähmte Elefanten können übrigens lernen, erstaunlich wirklichkeitsgetreue Bilder zu malen.

Ratte

Viele Menschen mögen Ratten nicht. Vielleicht liegt es daran, dass sie als Krankheitsüberträger gelten, oder dass sie oft in Abwasserkanälen und Abfall hausen. Ratten sind aber ziemlich schlau! Das wissen wir, weil sie seit den 1850er-Jahren erforscht und für Experimente genutzt werden. Sie halfen, unsere Medizin voranzubringen und das Nervensystem und das Verhalten von Tieren besser zu verstehen. Bis heute sind rund 95 Prozent aller Labortiere sind Ratten.

Die Laborratte (*Rattus norvegicus domestica*) hat bewiesen, dass sie knifflige Rätsel lösen und durch Labyrinthe finden kann. Sie kann sich Wege einpägen, hat ein gutes Gedächtnis, kann logisch denken und aus Erfahrungen schlussfolgern.
In einem Experiment setzte man eine Ratte in einen Irrgarten, von dessen Mitte acht Gänge ausgingen. Am Ende jedes Ganges befand sich Futter. Die Ratte konnte sich nicht mit Geruchsmarkierungen helfen konnten. Dennoch suchte sie jeden Gang nur einmal auf. Das lag einzig und allein an ihrer Lernfähigkeit und ihrem Erinnerungsvermögen.

Wild lebende Jungratten lernen von ihren Eltern, welche Nahrung gut ist und wie sie am schnellsten an Nahrung herankommen. In den Kiefernwäldern Israels lernen Ratten von ihren Weltern beispielsweise, dass sie schneller an Kiefernsamen herankommen, wenn sie die Schuppen der Zapfen von unten nach oben abknabbern. Wenn man jungen Ratten, die den Trick von ihren Eltern schon kannten, einen Kiefernzapfen hinlegte, kamen sie schneller an die Samen als andere Ratten, die dieses Vorbild nicht hatten.

Schon gewusst?

Forschende haben Ratten sogar kleine Autos gebaut, mit denen sie im Labor fuhren, um zu ihrem Futter zu gelangen. Dabei zeigte sich, dass sie auch ziemlich gut Auto fahren können!

Rabenvögel

Weltweit gibt es rund 120 Arten von Rabenvögeln. Dazu zählen unter anderem Häher, Elstern, Raben und Krähen. Sie alle sind hochentwickelte und intelligente Vögel, die sich sehr gut an ihre Umgebung anpassen können – egal, ob sie in der Stadt oder im Wald leben.

Von Geradschnabelkrähen (*Corvus moneduloides*) weiß man, dass sie Wasser mithilfe von Steinen verdrängen und Zweige als Werkzeuge benutzen, um in Baumhöhlen nach Insekten zu angeln. Dass Krähen mit solchen Hilfsmitteln arbeiten, haben Menschen schon vor langer Zeit beobachtet. Vor ungefähr 2500 Jahren beschrieb Äsop, ein Fabeldichter der griechischen Antike, eine pfiffige Krähe, die Kieselsteine in einen Krug fallen ließ, damit der Wasserspiegel stieg und sie an das Wasser herankam.

Schon gewusst?

Rabenvögel fanden schnell heraus, was sie in welcher Reihenfolge tun mussten, um an in einer Rätselbox verstecktes Futter zu gelangen. Babys hingegen verstanden noch nicht einmal, dass sie ein Rätsel lösen sollten, und hielten die Box selbst für ein Spielzeug.

In einem anderen Experiment wurden in frei lebende Krähen von Menschen gefangen, die Masken mit bedrohlichen Gesichtern trugen. Anschließend fütterten sie diese Krähen, trugen dabei aber Masken mit freundlichen Gesichtern. Nach vier Monaten hatten die Krähen den Unterschied zwischen Gesichtsausdrücken verstanden. Außerdem fand man heraus, dass Krähen Gesichter im gleichen Bereich des Gehirns speichern wie wir Menschen. Das zeigt: Krähen sind nicht nur clever wie wir – unsere Gehirne sind auch ähnlich „geschaltet".

Termite

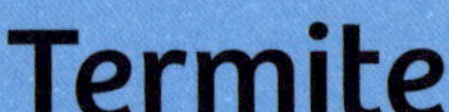

Termiten gehören zu den einfallsreichsten Insekten überhaupt. Es gibt über 2900 Arten und alle bilden Staaten. Jede Termite weiß, wo ihr Platz ist und was sie zu tun hat – und sie haben eine Menge zu tun!

In einer Termitenkolonie gibt es drei Kasten: Arbeiter, Soldaten sowie Königin und König. Wie auch bei anderen „sozialen Insekten" wie Honigbienen, Ameisen und Wespen legt die Königin jeden Tag Tausende Eier und hat keine Zeit für etwas anderes. Aus diesem Grund ist sie auch viel größer als alle anderen Termiten. Die Arbeit in der Kolonie lässt sie von Tausenden von Arbeitern erledigen. Die Soldaten sind, wie der Name schon vermuten lässt, die Schutztruppe der Kolonie. In einer Kolonie leben bis zu 5 Millionen Termiten.

Termiten errichten ober- und unterirdische Baue. Der mit 12,8 m höchste bekannte Termitenhügel befand sich in der Republik Kongo, aber die meisten Termitenbaue sind bis 3 m hoch. Wären Termiten so groß wie Menschen, wären ihre Hügel bis zu 1500 m hoch. In ihren Bauen, die aus Erde, Sand, Kot und Speichel bestehen, befinden sich ihre Wohnräume, Pilzfarmen, Lebensmittelläden und Kindergärten. Kunstvoll angelegte Tunnel führen durch die Kolonie und nach draußen. Diese Tunnel sind bestens belüftet und klimatisiert. Termiten brauchen übrigens keine Schlafzimmer, denn sie schlafen gar nicht. Überleg mal, was du alles schaffen könntest, wenn du keinen Schlaf bräuchtest und wenn du obendrein 5 Millionen Zwillinge hättest!

Termiten können keine Zellulose verdauen (das ist der Stoff, aus dem Pflanzen bestehen). Deshalb leben im Darm Bakterien oder Einzeller, die diese Aufgabe für sie erledigen – ein gutes Beispiel für eine sogenannte **symbiotische** Beziehung.

Manche Termitenarten züchten in ihren Hügeln Pilze, genau wie die Blattschneiderameisen. Diese Pilze zersetzen das Pflanzenmaterial so, dass die Termiten es verspeisen können.

Die Soldaten und die Königin werden von den Arbeitern mit einer nährstoffreichen Flüssigkeit gefüttert. Das nennt man Trophallaxis. Darüber bekommen junge Termiten auch die Bakterien, die sie für die Verdauung der Zellulose brauchen. Die Termiten nutzen die Fütterung mit dieser Flüssigkeit auch als Gelegenheit zur gegenseitigen Körperpflege.

Auf ihr Verhalten sind sie „programmiert" – eine Glanzleistung der **Evolution.** Jede Termitenkolonie als Ganzes ist eine intelligente und effiziente „Maschine", die wie ein einziger Riesenorganismus denkt und handelt.

Huhn

Gezähmt wurde das Haushuhn (*Gallus gallus domesticus*) erstmals vor 8000 Jahren als Eier- und Fleischlieferant. Vermutlich haben Menschen in China dafür das Bankivahuhn zum Haustier gemacht. Anschließend wurden die Haushühner in die ganze Welt gebracht. Noch heute sind sie beliebte Nutztiere.

Hennen bringen ihren Jungen schon vor dem Schlüpfen Sprachkenntnisse bei – und geben ihnen damit einen Startvorteil im Leben. Wenn sie ausgewachsen sind, können Hühner sich mit über 30 Warnrufen und durch Geräusche und Körpersprache miteinander verständigen.

Hühner sind entgegen ihrem Ruf alles andere als dumm. Sie hatten in ihrer **Evolution** viel Zeit, um ihre Überlebenskünste zu perfektionieren (ungefähr 5 Millionen Jahre). Schon im Dschungel, aus dem sie ursprünglich stammen, waren sie für viele Fressfeinde eine schmackhafte Beute. Um zu überleben, mussten sich die Hühner also etwas einfallen lassen.

Bereits nach wenigen Stunden können Küken fünf Gegenstände unterscheiden. Sie wissen auch schon, was Größe bedeutet – denn sie schnappen sich immer das größte Stück Futter. Außerdem verstehen sie schon, dass Dinge weiter existieren, selbst wenn sie nicht mehr zu sehen sind (Babys brauchen ein Jahr, um das zu lernen).

Hühner können sehr gut Farben sehen. Zudem haben sie ein so gutes Gedächtnis, dass sie über 100 Gesichter von Hühnern auseinanderhalten und auf der Suche nach Körnern, Früchten, Pflanzen, Würmern und Insekten diverse Futtervarianten unterscheiden können. Darüber hinaus können sie sich am Stand der Sonne orientieren.

Bei Hühnern gibt es eine sogenannte Hackordnung. Sie legt fest, wer wie wichtig ist. Diese Hackordnung wird geklärt, wenn die Hühner noch Küken sind. Finden sie Futter, picken die Küken aufeinander ein, wodurch die stärksten mehr Futter abbekommen. Ausgewachsene Hühner wissen genau, wo sie in der sozialen Rangordnung stehen. Die stärksten Hühner bekommen zuerst (und am meisten) zu fressen und zu trinken und dürfen sich als erste den Schlafplatz aussuchen. Da jedes Huhn seinen Platz in diesem kennt, sind Hühner eine recht friedliche Geflügelschar.

Ziege

Ziegen leben in trocken und bergigen Gegenden, wo es oft wenig Nahrung und Wasser gibt. Das machte sie robust und scharfsinnig. Es gibt rund 300 Arten von Hausziegen. Sie liefern Milch, Fleisch und Fell. Ziegen haben einen eigenen Kopf und eine richtige Persönlichkeit. Das sind klare Anzeichen für Intelligenz.

Ziegen haben immer Appetit und sind beim Fressen nicht sehr wählerisch. Leute, die Ziegen halten, können ein Lied davon singen, dass diese an ihren Kleidungsstücken, Haaren und Schuhen knabbern.

In einem Experiment bot man Nigerianischen Zwergziegen verschiedene Symbole zur Auswahl an. Es gab zwei Arten von Symbolen: schwarze Symbole, die in der Mitte weiß waren (mit Futterbelohnung) und welche, die aber in der Mitte schwarz waren (ohne Belohnung). Die Ziegen verstanden das Prinzip schnell und bewiesen, dass sie hoch entwickelte **kognitive Fähigkeiten** und ein Erinnerungsvermögen besitzen.

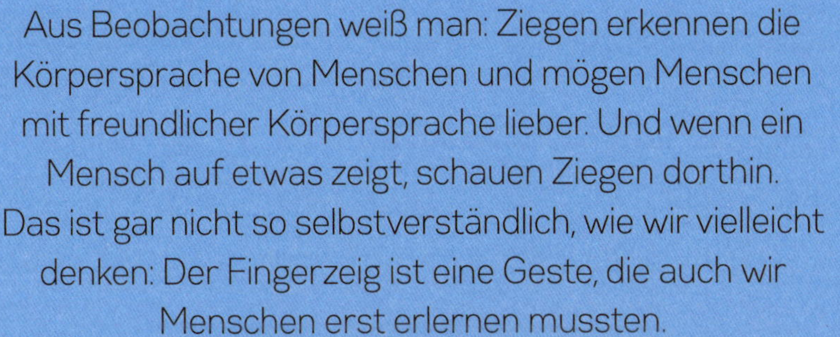

Aus Beobachtungen weiß man: Ziegen erkennen die Körpersprache von Menschen und mögen Menschen mit freundlicher Körpersprache lieber. Und wenn ein Mensch auf etwas zeigt, schauen Ziegen dorthin. Das ist gar nicht so selbstverständlich, wie wir vielleicht denken: Der Fingerzeig ist eine Geste, die auch wir Menschen erst erlernen mussten.

Ziegen erkennen sich an Geräuschen, Gerüchen und am Aussehen. Sie können sich jahrelang an etwas erinnern und werden bis zu 17 Jahre alt.

Sie haben ein Bewusstsein für Gefühle und erkennen die Stimmung anderer Ziegen durch Sehen und Hören. Man vermutet, dass Ziegen von den Stimmungen ihrer Artgenossen beeinflusst wird – genau wie wir!

Schon gewusst?

Wissenschaftlerinnen haben versucht, Ziegen Spinnenseide erzeugen zu lassen. Sie bauten den genetischen Code der Spinnenseide in das Erbgut einer Ziege ein und versuchten, aus der Ziegenmilch Seidenmoleküle zu gewinnen. Das klappte sogar, stellte sich aber letztlich als zu teuer heraus.

Wie viele nicht frei lebende Tiere spielen Hausziegen gerne. Sie lieben die geistige und körperliche Herausforderung, und halten sich so fit.

Kalmar

Es gibt über 250 Kalmararten auf der Welt und sie sind extrem unterschiedlich. Die kleinste **Spezies** misst keine 2 cm und die größte über 13 m!

Kalmare haben einen stromlinienförmigen Körper mit zwei Tentakeln (mit Saugnäpfen an den Spitzen) und acht Armen (mit Saugnäpfen auf der ganzen Länge). Wie Kraken zählen sie zu den Tintenfischen und gehören damit zum Stamm der Weichtiere (wie auch die Schnecken). Kalmare fressen Garnelen, Krabben, Fisch, kleineren Tintenfischen und sogar Seegras.

Mit ihren beiden Tentakeln packen sie schnell und zielgenau ihre Beute, um sie dann mit ihrem Schnabel zu zerkleinern. Viele Kalmare können ihre Farbe ändern. Diese Fähigkeit nutzen sie, um sich zu tarnen oder um ihre Beute zu verwirren. Einige Kalmare betäuben ihre Beute auch mit giftigem Speichel.

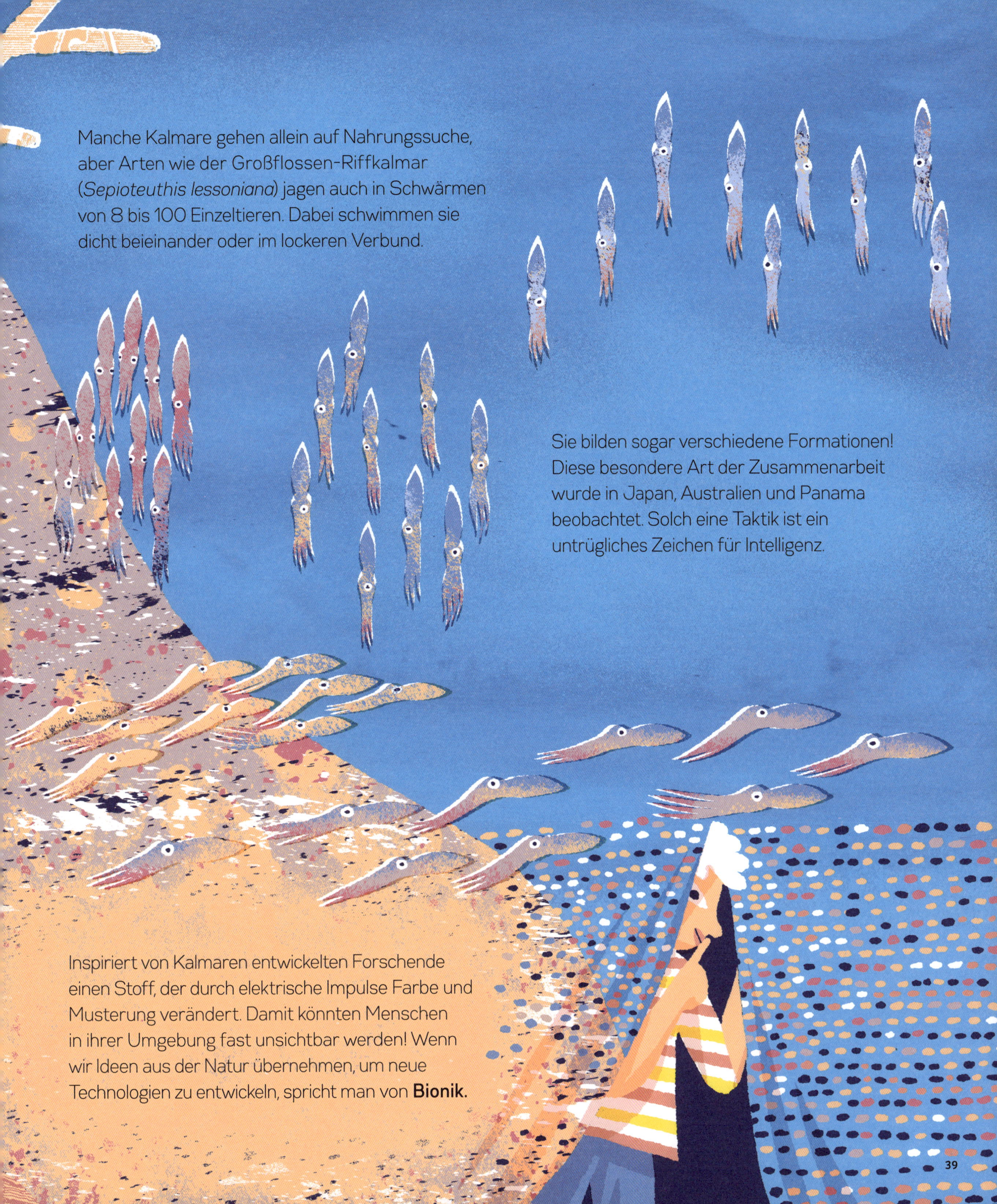

Manche Kalmare gehen allein auf Nahrungssuche, aber Arten wie der Großflossen-Riffkalmar (*Sepioteuthis lessoniana*) jagen auch in Schwärmen von 8 bis 100 Einzeltieren. Dabei schwimmen sie dicht beieinander oder im lockeren Verbund.

Sie bilden sogar verschiedene Formationen! Diese besondere Art der Zusammenarbeit wurde in Japan, Australien und Panama beobachtet. Solch eine Taktik ist ein untrügliches Zeichen für Intelligenz.

Inspiriert von Kalmaren entwickelten Forschende einen Stoff, der durch elektrische Impulse Farbe und Musterung verändert. Damit könnten Menschen in ihrer Umgebung fast unsichtbar werden! Wenn wir Ideen aus der Natur übernehmen, um neue Technologien zu entwickeln, spricht man von **Bionik.**

Schwein

Schweine verständigen sich durch Körpersprache, Gerüche und Laute wie Grunzen oder Quieken. Sie sind sehr empfindsame Tiere und nehmen genau wahr, was um sie herum geschieht.

Dass die Menschen anfingen, Wildschweine zu **zähmen,** ist ungefähr 8000 Jahre her. Heute gibt es weltweit Hunderte Hausschweinrassen (*Sus scrofa domesticus*). Die meisten von ihnen werden zur Fleischgewinnung gehalten. Manche Schweine werden jedoch auch ausgebildet, um besonders schmackhafte und kostbare Pilze aufzuspüren, die im Erdreich wachsen: Trüffel.

Erstaunlicherweise wurden Schweine sogar dazu gebracht, einen Joystick zu bedienen, um ein einfaches Computerspiel zu spielen. Als das Gerät wegen eines Defekts kein Belohnungsfutter mehr auswarf, spielten die Schweine trotzdem weiter, wenn die Forschenden sie lobten und ermunterten. Das erinnerte sie an einen Ausspruch des früheren britischen Premierministers Winston Churchill: „Hunde schauen zu uns auf, Katzen auf uns herab und Schweine begegnen uns auf Augenhöhe."

In Experimenten bewiesen die beiden Hängebauchschweine Helga und Hamlet, dass sie die Namen von drei verschiedenen Gegenständen lernen und wiedererkennen konnten („Frisbee“, „Ball“ und „Hantel“). Zusätzlich wurde den drei Gegenständen je eine Geste und eine Aktion („sitzen“, „holen“ oder „springen“) zugeordnet. Gaben die Forschenden ihnen die entsprechende Wort-Gesten-Kombination vor (zum Beispiel: „Frisbee holen“), führten sie die zugehörige Aktion mit dem richtigen Gegenstand aus.

Diese Schweine waren zuvor als Haustiere gehalten worden und deshalb an den Umgang mit Menschen gewöhnt, aber trotzdem ist das ein beachtliches Beispiel dafür, wie intelligent und lernfähig Tiere sein können.

Graupapagei

Einer der langlebigsten Vögel ist der Graupapagei (*Psittacus erithacus*): Er kann bis zu 60 Jahre alt werden! Sein natürlicher Lebensraum sind die Wälder Zentral- und Ostafrikas. Er ernährt sich vor allem von Früchten, Nüssen, Körnern, Blumen, Rinde, Schnecken und Insekten. Graupapageien sind gesellige Tiere: Ein Schwarm kann aus 100 Vögeln bestehen. Auf Futtersuche gehen sie allerdings lieber nur mit ihrem festen Lebenspartner.

In den 1980er-Jahren brachte man dem Graupapagei Alex mehr als 100 Wörter für Farben, Formen und Materialien bei. Er konnte korrekt sagen, ob Gegenstände einander ähnelten (beispielsweise ein grünes Quadrat aus Holz und ein blaues Quadrat aus Plastik) oder ob sie verschieden waren (zum Beispiel ein rotes Dreieck aus Holz und ein roter Kreis aus Leder). Die US-amerikanische **Verhaltensforscherin** Irene Pepperberg, die dieses Experiment durchführte, schrieb darüber sogar ein Buch mit dem Titel: *„Alex und ich: Die einzigartige Freundschaft zwischen einer Harvard-Forscherin und dem schlausten Vogel der Welt."*

Die deutschen Wissenschaftlerinnen Désirée Brucks und Auguste von Bayern wollten herausfinden, ob Graupapageien selbstlos (also nicht egoistisch) handeln können. Sie stellten fest, dass Graupapageien spontan und von sich aus anderen Papageien halfen, ein Ziel zu erreichen, obwohl sie selbst davon keinen sofort erkennbaren Vorteil hatten.

Bei diesem Experiment konnten die Papageien bei einem Menschen ein Jeton gegen eine Nuss tauschen. Bemerkenswerterweise gaben sie sogar Artgenossen im Nachbarkäfig einen Jeton ab, wenn diese keinen hatten – und zwar selbst dann, wenn beide nicht befreundet waren.

Weil Graupapageien so lange leben, eine starke Bindungen zu Menschen aufbauen können und obendrein schön und lernfähig sind, werden sie auf dem Haustiermarkt sehr teuer gehandelt. Jedes Jahr werden rund 20% der wild lebenden Population für den Haustierhandel gefangen – und leider stirbt mehr als jeder zweite dieser Vögel auf dem Weg zum Verkäufer. Das ist nur eines von vielen Beispielen dafür, dass Menschen sich nicht immer besonders klug verhalten!

Schwertwal

Sie können über 8 m lang, über 6000 kg schwer und bis zu 90 Jahre alt werden: Schwertwale, auch bekannt als Orcas, sind wirklich faszinierend! Sie legen an einem Tag bis zu 160 km zurück. Im Becken eines Freizeitparks oder Meereszoos gefangen zu sein, muss für sie also entsetzlich frustrierend sein.

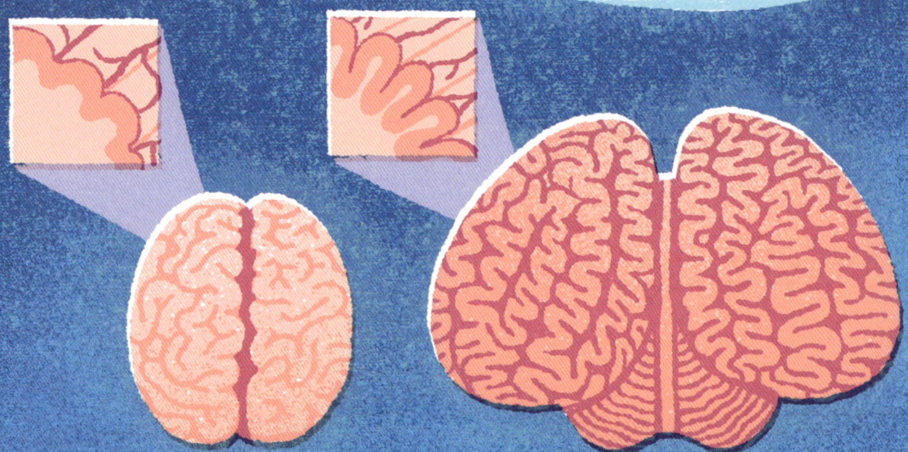

Schon gewusst?

Manchmal werden Orcas auch „Killerwale" genannt. Dabei es gibt auf der Welt Tausende Raubtierarten, die nicht so einen Spitznamen verpasst bekamen. Und bislang wurde auch noch nie berichtet, dass ein Orca einen Menschen getötet hat.

Orcas gehören zu den Meeressäugetieren mit dem größten Gehirn: Es kann sage und schreibe 6,8 kg wiegen und ist erstaunlich gut „verkabelt", wie man bei einer Computer-Tomografie herausfand. Das ist auch nötig, damit die Tiere die riesige dreidimensionale Wasserwelt um sie herum wahrnehmen und erspüren können.

Man geht davon aus, dass Orcas eine eigene Sprache haben. Ihr Wortschatz variiert von Region zu Region. Sie haben sogar Dialekte – wie wir Menschen! Außerdem bringen sie sich gegenseitig Jagdtechniken und andere Verhaltensweisen bei, die über viele Generationen weitergegeben werden. Dieses sogenannte „soziale Gedächtnis“ ist ein untrügliches Zeichen dafür, dass Orcas intelligente Überlebenskünstler sind!

In der Arktis hat man beobachtet, dass Orcas von den Geräuschen von Fischerbooten angelockt werden, weil aus den Netzen beim an Bord ziehen viele Fische herausfallen. Doch eigentlich haben sie das Restessen gar nicht nötig, denn sie zählen zu den erfolgreichsten Raubtieren der Erde.

Neben der Intelligenz, die sie bei der Futtersuche nutzen, hat man bei Orcas auch emotionale Intelligenz beobachtet. Ein Orca-Weibchen namens Tahlequah brachte ein Junges zur Welt, das kurz nach der Geburt starb. Sie trug ihr totes Baby 17 Tage lang über 1600 Kilometer und bekundete auf diese Weise ihre Trauer.

Fransenspringspinne

Es gibt auf der Welt über 100.000 Spinnentierarten, auch Arachniden genannt. Sie sind perfekt an ihren jeweiligen Lebensraum angepasst und leben auf allen Kontinenten außer Antarktika. Viele Spinnen können ihre Beute mit Gift töten und Seide herstellen, die sie als Baumaterial oder zur Fortbewegung nutzen.

Je nach Art bauen Spinnen locker gewebte und flache Netze oder dichte, dreidimensionale Trichternetze in Ecken, unterirdische Verstecke mit Falltüren oder sogar blasenförmige Netze unter Wasser. Manche Spinnen hingegen bauen überhaupt keine Netze, sondern jagen aktiv, beispielsweise Fliegen und andere Insekten – und sogar Vögel!

Die Fransenspringspinne (*Portia fimbriata*) kann nicht nur außergewöhnlich gut sehen (besser als eine Katze), sondern auch sehr schnell und zielgenau springen. Ihre Sprungweite beträgt das 50-Fache ihrer eigenen Körperlänge von 10 mm. Manchmal verspeist die geschickte Jägerin auch andere Spinnen, die größer sind als sie selbst!

Forscherinnen und Forscher haben beobachtet: Wenn eine Fransenspringspinne ans Netz einer anderen Spinne kommt, stellt sie sich auf den Rand und zupft in einer bestimmten Weise an den Fäden, um sie schwingen zu lassen (bis zu 119 verschiedene Schwingungsmuster). So ahmt sie Schwingungen nach, die eine gefangene Fliege machen würde und lockt die andere Spinne an: Diese will nur nachsehen, was los ist – und wird dann überrumpelt und gefressen.

Dass sie Techniken wie Nachahmung und Täuschung nutzt, macht die kleine Fransenspringspinne zu einem erstaunlich intelligenten Lebewesen.

Hund

Für viele Menschen gehören Hunde zum Alltag, denn sie sind beliebte Haustiere. Wir schätzen ihre Schönheit und ihre Treue. Hunde sind Tiere mit einem eigenen Charakter und großem Herz.

Vor mindestens 15.000 Jahren zähmten unsere Vorfahren wild lebende Wölfe, aus denen sie im Lauf der Zeit die Hunde züchteten. Seither beschützen sie die Menschen und helfen ihnen beim Jagen, halten ihre Herden beisammen und spenden ihnen nachts Wärme.

Da sie einen hervorragenden Geruchssinn haben (sie riechen rund 10.000-mal so gut wie wir Menschen), werden sie eingesetzt, um Drogen, Sprengstoff und andere Chemikalien zu erschnüffeln. Sie können sogar am Geruch erkennen, wenn jemand eine bestimmte Krankheit hat. Manche Hunderassen können so geschult werden, dass sie blinden Menschen als „Augen" dienen.

Dingos (*Canis dingo*) sind verwilderte Haushunde in Australien, die sich von Tieren, Insekten, Krebsen, Fischen, Samen oder Körnern ernähren. Wie ihre entfernten Verwandten, die Wölfe, jagen sie in Rudeln aus bis zu 15 Tieren. Das tun sie, wenn ihre Beute groß ist – zum Beispiel Kängurus. Die können zudem auch boxen und treten. Dingos kreisen ihre Beute ein und verständigen sich darüber, was als Nächstes zu tun ist. Dabei heulen, knurren, gluckern, jaulen, winseln, keckern, fauchen und brummen sie. Bellen hört man die Dingos im Unterschied zu unseren Haushunden sehr selten.

Schon gewusst?

Das freundliche Wesen von Hunden könnte man auch einen geschickten Trick nennen. Als treue Gefährten machen sie uns Menschen von sich abhängig und sichern sich dadurch einen Überlebensvorteil. Das liegt an ihrer uralten Wolfs-DNA.

Dass Hunde den Instinkt haben, ihrer Beute hinterherzujagen, machen sich Schäfer und Bauern seit Jahrtausenden zunutze. Sie haben diesen Instinkt abgewandelt und den Hunden beigebracht, riesige Herden von Kühen, Schafen und anderen Tieren behutsam und geschickt von einem Ort an einen anderen zu treiben. Manchmal wird daraus sogar ein echter Sport, bei dem der Schäferhund die Schafe durch einen komplizierten Parcours lotsen muss.

Schimpanse

Schimpansen gehören zu unseren engsten Verwandten, und sie sind wirklich erstaunlich intelligent! Das wissen wir, weil wir sie seit Jahrzehnten in freier Wildbahn oder in Zoos beobachten. Einen Teil unseres Wissen verdanken wir der britischen **Verhaltensforscherin** Jane Goodall, die seit 1960 in Tansania forscht.

Das Verhalten und die Intelligenz von Schimpansen ist im Tierreich außergewöhnlich, zum Beispiel weil sie Dinge wie Pflanzenstängel, Zweige, Blätter und Steine als Werkzeuge benutzen. Diese helfen ihnen zum Beispiel beim …

Fressen:
Schimpansen knacken mit Steinen Nüsse und „angeln" mit Zweigen nach Termiten und Honig.

Erkunden:
Sie nutzen Hilfsmittel wie Stöcke, um Gegenstände außerhalb ihrer Reichweite genauer zu untersuchen.

Trinken:
Schimpansen verwenden Blätter wie Schwämme, um Pflanzensaft aufzusaugen.

Heilen:
Sie fressen pelzige Blätter, um Würmer aus ihrem Darm „herauszubürsten".

Säubern:
Wenn sie klebrige Früchte gefressen haben, wischen sie sich anschließend mit Blättern ab.

Kämpfen:
Sie nutzen Äste als Waffen und Steine als Wurfgeschosse.

Bei Waldbränden bewiesen Schimpansen, dass sie Feuer verstehen, denn sie können vorhersagen, in welche Richtung es sich vorarbeitet. Ein in Gefangenschaft gehaltener Bonobo (*Pan paniscus*) wurde sogar dabei beobachtet, wie er ein Feuer entzündete, um sich darüber ein Marshmallow zu braten. Anschließend löschte er es mit Wasser!

Bonobos sind sehr lernfähig: Sogar das Computerspiel Pac-Man können sie spielen lernen, wie bei einem Laborexperiment festgestellt wurde. Der Labor-Bonobo beherrschte das Spiel und verstand, dass er den Geistern aus dem Weg gehen musste, wenn er keine Kraftpille „gefressen" hatte.

Der erste Schimpanse, der ins All flog, hieß Ham. Das war 1961. Um die 253 km von der Erde weg zu fliegen, brauchte er bei einem Tempo von 9426 km/h nur 16 Minuten. Auf diesem Flug verbrachte Ham 6 Minuten in der Schwerelosigkeit und musste einige vorher festgelegte Aufgaben erledigen. Dieses „Experiment" ebnete den Weg für den ersten Astronauten der USA: Alan Shepard flog ebenfalls 1961 ins All. Ham lebte nach seinem Ausflug noch 22 Jahre! Viele Tiere, die auf Weltraumreise geschickt wurden, kehrten nicht zurück. Immerhin halfen sie uns, das All, den Planeten Erde und die Intelligenz von Tieren besser zu verstehen und unsere Technologien weiterzuentwickeln.

Der Schimpansendame Washoe brachte man die Gebärdensprache bei, die für gehörlose Menschen entwickelt. Sie erlernte über 100 verschiedene Gebärden und konnte sich mit ihren menschlichen Mitbewohnern „unterhalten". Einige Gebärden brachte sie sogar ihrem Jungen bei. Washoe schaute sich außerdem gern Bücher und Schuhe an, putzte sich gern die Zähne und malte Bilder.

Katze

Es gibt über 40 Katzenrassen und wie die Hunderassen unterscheiden sie sich in ihrer Größe, Farbe, Haarlänge und anderen Körpermerkmalen. Katzen (*Felis silvestris catus*) sind auf der ganzen Welt beliebte Haustiere, weil sie so weich und kuschelig sind und ihre eigene Persönlichkeit haben. Ebenso wie Menschen sind Katzen unterschiedlich intelligent.

Für Wissenschaftlerinnen und Wissenschaftler ist es gar nicht so einfach, Katzen zur Teilnahme an Experimenten zu bewegen. Allein das ist eigentlich schon ein Beweis für ihre Intelligenz! Ein Katzengehirn hat 300 Millionen **Neuronen** (zum Vergleich: ein Hundegehirn hat „nur" 160 Millionen). Ihr Gehirn wiegt zwar nur ungefähr 30 Gramm, ist aber ähnlich aufgebaut wie unseres, und es hat auch sehr vielen Falten, um die Gesamtoberfläche vergrößern. Die Voraussetzungen, um als intelligent zu gelten, haben sie also.

Schon sehr junge Katzen spielen und raufen gern miteinander. Das stärkt den Zusammenhalt in der Katzenfamilie und ist eine gute Vorbereitung auf das spätere Leben. Bei größeren Katzen wie Löwen, Geparden oder Tigern ist das übrigens nicht anders. Sie alle müssen lernen, wie sie auf leisen Pfoten Beute finden und schnell erlegen können. Verschmuste Hauskatzen brauchen nicht mehr auf die Jagd zu gehen, aber wenn sich die Gelegenheit bietet, werden sie immer noch gern zur Raubkatze und fangen Mäuse, Ratten und Vögel – die sie oft gar nicht fressen.

Manchmal lässt sich eine Katze doch zu einem Experiment überreden. Bei einem dieser Experimente wurde festgestellt, dass Katzen dem Blick eines Menschen folgen, der ihnen mit den Augen den Weg zu einer Belohnung andeutet.

Katzen haben ein beachtliches Erinnerungsvermögen. Wenn eine Katze bemerkt, dass ihr Besitzer seine Koffer packt, kann sie schlechte Laune bekommen. Sie erinnert sich, dass sie letztes Mal nach dem Koffer packen lange auf ihre täglichen Streicheleinheiten verzichten musste.

Manche Katzen kratzen an einer Tür, die sie selbst noch nie benutzt haben. Sie haben aber beobachtet, wie ihr Besitzer hindurchging und haben deshalb verstanden, was der Sinn dieser Tür ist.

Manche Katzen können vorhersagen, wo und wann ein sich bewegender Gegenstand wieder erscheinen wird (zum Beispiel ein Ball, der hinter einem Buch entlangrollt). Sie verstehen also, dass ein Gegenstand, den sie nicht mehr sehen, trotzdem weiter existiert. Der Fachbegriff dafür heißt **„Objektpermanenz"**.

Orang-Utan

Orang-Utan bedeutet „Waldmensch". Die Großaffen, die in den Wäldern Südostasiens leben, verbringen viel Zeit allein oder in kleinen Familienverbänden. Sie gehen Fressfeinden aus dem Weg und ernähren sich von Früchten, Samen und Körnern, Blättern, Baumrinde, Eiern, Pilzen und Honig. Einiges davon ist nicht immer leicht zu finden.

In Zoos führen Orang-Utans ein ganz anderes Leben: Oft leben sie in viel größeren Gruppen und haben keine Mühe, Nahrung zu finden, zumal es keine Fressfeinde gibt. Dadurch ändert sich auch ihr Verhalten.

In einem Zoo in der Schweiz dachten sich Orang-Utans eine eigene Sprache aus, die aus sieben Gesten und Gesichtsausdrücken bestand. Die meisten davon dienten dazu, andere zum Mitspielen oder zur Futtersuche anzuregen. Orang-Utans sind also so kreativ, dass sie neue Sprachen erlernen können.

In einer Studie lernte der Orang-Utan Rocky, den Klang und die Tonhöhe der menschlichen Stimme nachzuahmen. Seither verstehen wir etwas besser, wie sich die menschliche Sprache herausgebildet hat.

Manchmal freunden sich Orang-Utans mit anderen Tieren an und kümmern sich sogar um sie! In einem Schutzgebiet in Amerika schloss der Orang-Utan Suriya Freundschaft mit einem streunenden Hund, der von den Menschen Roscoe genannt wurde. Sie spielten und schwammen den ganzen Tag zusammen und kuschelten sogar.

In einem schwedischen Zoo nahm der Orang-Utan Naong an einem Experiment teil. Man wollte herausfinden, ob er vorhersagen konnte, wie Flüssigkeiten schmecken, wenn man sie mischt. Es gab Kirsch-, Rhabarber- und Zitronensaft sowie Apfelessig. Naong prägte sich den Geschmack ein und konnte anschließend vorhersagen, welche Getränkekombinationen gut schmecken. Diese sogenannte „affektive Vorhersage" beweist hoch entwickelte geistige Fähigkeiten, die in der Wildnis von großer Hilfe sein können.

Taube

Es gibt auf der Welt rund 350 Taubenarten, die alle zur Familie der *Columbidae* gehören.

Den unglaublichen Orientierungssinn der Tauben machten sich schon die alten Ägypter vor 5000 Jahren zunutze, um Nachrichten zu verschicken. Auch im Ersten und Zweiten Weltkrieg wurden Botschaften an Soldaten von Tauben überbracht – über Distanzen von bis zu 390 km. Wenn sie wieder in ihrem Taubenschlag landeten, ertönte oft eine Klingel – so wie wenn wir heute eine Nachricht auf dem Handy erhalten. Tauben lieferten auch Medikamente aus oder schmuggelten Handys und SIM-Karten in Gefängnisse.

Schon gewusst?

Brieftauben besitzen nicht nur ein sagenhaftes Orientierungsvermögen, sondern haben in Laborexperimenten auch gezeigt, dass sie Gemälde der Künstler Vincent van Gogh und Marc Chagall unterscheiden können.

Der US-amerikanische Psychologe Burrhus Frederic Skinner erfand im 20. Jahrhundert die „Skinner-Box". Sie ähnelte einem Süßigkeitenautomaten. Wenn ein Tier auf einen Knopf pickte, gab die Box eine Portion Futter aus. Tauben verstanden die Skinner-Box schnell. In einem Experiment lernten sie, dass sie Futter nur bekammen, wenn sie auf den grünen Knopf pickten. Später zeigte man den Tauben verschiedene Farbfotos. Allmählich kamen sie dahinter, dass sie nur dann eine Futterportion bekamen, wenn sie ein Bild mit einem Baum sahen. In einer anderen Bilderfolge lernten die Tauben, nur dann zuzupicken, wenn sie einen See, einen Regentropfen oder Schnee sahen.

Dann zeigten die Forschenden den Tauben Fotos von Menschengesichtern mit vier Gesichtsausdrücken (fröhlich, wütend, überrascht und angeekelt). Die Tauben bekamen nur Futter, wenn ein bestimmter Gesichtsausdruck zu sehen war. Auch diesen Test bestanden sie – und bewiesen damit, dass sie Zusammenhänge herstellen können.

Skinner und seine Tauben waren so überzeugend, dass die US-Marine sich im Zweiten Weltkrieg überlegte, Raketen von Tauben steuern zu lassen. Drei Tauben sollten so trainiert werden, dass sie das Angriffsziel (Kriegsschiffe) erkennen können. In einer Rakete sollten sie auf das Ziel zurasen, und auf einen Bildschirm sollte das Ziel angezeigt werden. Wenn die Tauben auf die Mitte pickten, sollte die Rakete geradeaus fliegen, und wenn sie links oder rechts pickten, sollten sie die Rakete entsprechend lenken. Die US-Marine ließ die Idee jedoch fallen – sie erschien ihr zu gefährlich.

Drongo

Der Trauerdrongo (*Dicrurus adsimilis*), der unter anderem in der Wüste Kalahari im Süden Afrikas lebt, ist ein gerissener Trickbetrüger.

Seine Opfer sind die Erdmännchen (*Suricata suricatta*), die Insekten und anderen Kleintieren aus dem Sand graben. Deren natürliche Feinden sind Adler, die hoch über der Wüste kreisen.

Sobald ein Drongo einen Adler sieht, macht er ein Geräusch, das die Erdmännchen warnt, sodass sie in ihren Bau flüchten können. Nun steht der Drongo als Lebensretter da. Das ist praktisch, denn wenn die Erdmännchen sich wieder herauswagen, tut er es bald wieder – obwohl gar keine Gefahr droht. Kaum sind die Erdmännchen verschwunden, klaut er ihr Futter!

Beim zweiten Mal klappt der Trick nicht mehr, weil die Erdmännchen ihn durchschaut haben. Daraufhin ahmt der Drongo den Signalruf nach, mit dem der Späher der Erdmännchen seine Gruppe warnt.

Die anderen Erdmännchen bringen sich schnell in Sicherheit. Wenn sie wieder herauskommen, müssen sie feststellen: Der Drongo hat schon wieder ihr Futter stibitzt.

Trauerdrongos beherrschen über 50 Rufe, mit denen sie andere Tiere austricksen und so fast ein Viertel von deren Futter ergaunern. Drongos haben die Fähigkeit, sich „gedanklich" in andere Lebewesen hineinzuversetzen. Das ist sonst eher bei Menschen zu beobachten. In Australien heißt „Drongo" umgangssprachlich so viel wie Dummkopf – obwohl die Drongos alles andere als dumm sind! Wie sie sich mit Kalkül und Nachahmung das Vertrauen anderer Tiere erschleichen, ist für ein Tier wirklich ungewöhnlich und beschert dem Drongo einen Ehrenplatz im Kreis der schlauen Tiere (und in diesem Buch)!

Glossar

Betäuben
Der Einsatz eines Mittels, das Schmerzen unterdrückt, wie es beispielsweise beim Zahnarzt gemacht wird.

Bionik
Wenn Menschen Ideen aus der Natur nutzen, um Lösungen für eigene Probleme zu finden.

kognitive Fähigkeiten
Die Fähigkeit eines Lebewesens, zu denken und zu schlussfolgern.

Kolonie
Eine Gruppe von Menschen oder Lebewesen, die ein neues Gebiet besiedeln und dort ihr Zuhause aufbauen.

fingerfertig
Geschickt sein im Umgang mit Werkzeugen oder anderen Gegenständen.

zähmen
Der Vorgang, ein Tiere an in die Nähe von Menschen zu gewöhnen und sicher zu machen, beispielsweise als Haustiere oder als Arbeitstiere.

Verhaltensforschung
Die Wissenschaft vom Verhalten der Tiere und Menschen.

Verhaltensforscher
Jemand, der das Verhalten von Tieren oder Menschen studiert.

Evolution
Ein langsam verlaufender Vorgang, bei dem sich Tiere und Pflanzen an ihre Umwelt anpassen und dadurch neue Arten entstehen lassen.

Homo sapiens
Der Name der Gattung, zu der der Mensch gehört.

Wirbellose Tiere
Tiere ohne Rückgrat oder Knochenskelett.

Neuronen
Zellen, aus denen das Nervensystem eines Tieres besteht und die ähnlich wie Datenkabel Informationen übertragen.

Neozoen
Eine Tierart, die in einem Gebiet natürlicherweise nicht heimisch ist, sondern vom Menschen eingeführt wurde und sich in ihrem neuen Lebensraum hervorragend entwickelt.

Objektpermanenz
Heißt zu verstehen, dass ein Gegenstand, den man gerade noch gesehen hat und jetzt nicht mehr sieht, trotzdem weiter existiert.

opponierbare (Daumen)
Wenn der Daumen an der Hand den anderen Fingern gegenüber steht, sodass er zum Greifen, Handhaben oder Bearbeiten von Gegenständen verwendet werden kann. Menschen und einige andere Tiere wie Gorillas und Schimpansen haben opponierbare Daumen.

Primitiv
Ein Lebewesen in einem frühen oder oder nur wenig komplexen Entwicklungszustand.

Spezies
Die kleinste Einteilung für eine Gruppe von Lebewesen, die für sich selbst einzigartig ist. Man nennt sie auch eine Art.

Symbiose
Ein enges Zusammenleben zweier unterschiedlicher Organismen, das für beide Vorteile bringt.

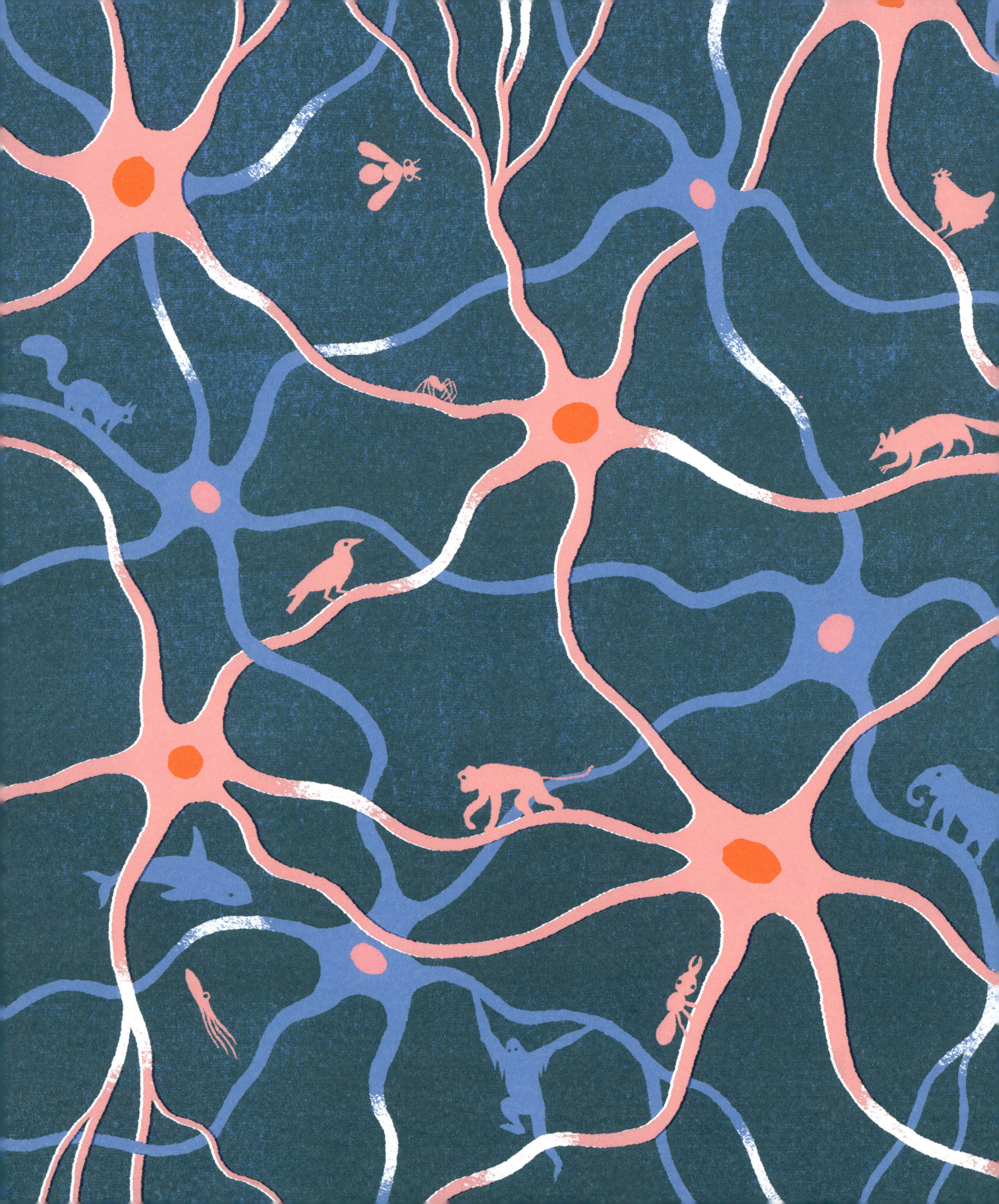